Französisch flirten

Zwinkern, zwackeln, schnackeln

1 2 3 4 08 07

Umschlaggestaltung: Gesche Harms
Text: Bernhard Altheim und Yvan Leger
Redaktion: Paul Rintelmann
Lektorat: Oliver Thomas Domzalski
Gestaltung und Satz: Klaus Schneider
Druck und Bindung: FVA, Fulda

ISBN 978-3-8218-4981-2

Verlagsverzeichnis schickt gern:
Eichborn Verlag, Kaiserstraße 66, D-60329 Frankfurt am Main
www.eichborn.de

INHALTSVERZEICHNIS

VORBEMERKUNG

»Vive la France!« – so lautet das Motto Eures diesjährigen Urlaubs. Allein oder mit Freunden geht es in die Normandie, die Bretagne, die Provence oder sogar nach Paris – in die Stadt der Liebe. Eure Koffer sind gepackt, und in Gedanken seid Ihr bereits beim Genuss köstlicher Rotweine, würziger Camemberts und knuspriger Baguettes. Schon seht Ihr Euch auf der Spitze des Eiffelturms, beim Sightseeing auf dem Mont-Saint-Michel oder bei einem romantischen Spaziergang durch das Montmarte – am liebsten zu zweit.

In diesem Büchlein findet Ihr alles, was Ihr für den perfekten Urlaubsflirt braucht:

Mit diesem ultimativen Pocket-Ratgeber für »International Connections« könnt Ihr schmeicheln, turteln, tuscheln und Süßholz raspeln, was das Zeug hält!

Besonders eindeutige (zielführende) »Liebesbotschaften« haben wir übrigens mit Totenköpfen markiert – hier ist Vorsicht geboten! Solltet Ihr bei Euren Annäherungsversuchen zu ungehobelt vorgehen, kann es schon mal passieren, dass Ihr Euch eine schmerzhafte Abfuhr einhandelt.
Ein Totenkopf weist auf recht eindeutige Anmache hin. Eure Absichten sind hier klar erkennbar – Ihr müsst damit rechnen, deutlichen Widerspruch zu bekommen.
Zwei Totenköpfe bedeuten: Hier würdet Ihr wirklich zu weit gehen. Diese Sprüche sind vulgär, respektlos und frech. Ihr solltet mit einer Ohrfeige oder Schlimmerem rechnen.
Das »V.« bei manchen Wendungen bedeutet »Verlan« und steht für eine Jugendsprache aus den Vorstädten Frankreichs. Die Benennung kommt von »l'envers« (*»andersherum«*), da man hier ganz einfach die Silben der Wörter herumdreht. So wird, z.B. aus »tomber« »béton« (*wörtlich »ber-tom«*) oder aus »femme« »meuf«.

Falls nun wider Erwarten sämtliche Charmeoffensiven sowohl auf Verlan als auch auf Französisch und Deutsch misslingen sollten: Mit **»Französisch Schimpfen«** (Beleidigungen, Flüche, Sauereien auf Französisch – bei Eichborn erschienen) könnt Ihr Eurer Wut über das misslungene Liebesabenteuer gebührend Ausdruck verleihen.
Und nachdem Ihr so Eurem Ärger Luft gemacht habt, erkennt Ihr natürlich sofort, wie wenig Euer Ex-Schwarm Euer eifriges Werben eigentlich verdient hat. Ihr schnappt Euch Euer »Französisch Flirten«-Büchlein und wendet Euch flugs der nächsten vielversprechenden Gelegenheit zu: »Rien ne va plus!« – Neues Spiel, neues Glück.
Viel Spaß beim Ferienflirt in Frankreich!

BON VOYAGE! AUF DEM WEG NACH FRANKREICH

Kaum habt Ihr die Grenze überschritten, seid Ihr auch schon begeistert von der Schönheit dieses Landes. Da stört Euch selbst die Geschwindigkeitsbegrenzung nicht im Geringsten.

Diese Touristenroute ist wunderschön. Der Umweg hat sich wirklich gelohnt!

Cette »route touristique« est superbe. Je ne regrette vraiment pas le détour!

Gut, dass wir uns in diese kleine Stadt verirrt haben. Der Umweg hat sich voll gelohnt!

On a bien fait de se perdre dans cette petite ville, le détour valait vraiment le coup.

Diese Autobahnen sind wirklich gut in Schuss – dafür bezahlt man gerne. Da macht das Fahren richtig Spaß!

Je veux bien payer pour les autoroutes quand elles sont si bien entretenues, c'est presque un plaisir de faire des kilomètres!

Geschwindigkeitsbegrenzung bei 130 km/h – zumindest fühlt man sich da sicher.

Limitation de vitesse à 130 km/h – au moins on se sent vraiment en sécurité.

Diese TGV-Züge sind super, und die Kontrolleurinnen sehen aus, als wären sie Models.

Ces TGV sont vraiment rapides – en plus, on dirait qu'ils ont choisi les contrôleuses dans une école de mannequin.

DIE UNTERKUNFT

Die Anreise hat Euch wirklich geschafft. Ihr wollt jetzt einfach nur noch schlafen. Wie gut also, dass Eure Unterkunft in jeder Beziehung spitzenmäßig und auch das Personal überaus sympathisch ist. Kein Wunder, dass einen da das Thema »schlafen« auf ganz besondere Weise inspiriert.

Man fühlt sich hier sofort wie zu Hause!

On se sent tout de suite comme chez soi ici!

Man fühlt sich wirklich gut bei Ihnen!

On se sent si bien chez vous!

Spitzenmäßig! Was für ein Zimmer!

Quelle classe! Ça c'est ce que j'appelle une chambre!

Das Personal ist wirklich sympathisch. Ich glaube, dass ich mich gut mit Ihnen / mit Ihren Empfangsdamen verstehen werde.

Le personnel est vraiment sympathique, je sens que je vais bien m'entendre avec vous / vos hôtesses d'accueil!

Dieses Bett ist wirklich klasse. Ich kann es gar nicht erwarten, auszuprobieren, ob es hält, was es verspricht!

Ce lit a l'air vraiment confortable. J'ai hâte de voir s'il tiendra ses promesses!

Ihre Duschen sind so groß, dass man auch zu zweit reinpasst.

Et vos douches sont tellement spacieuses qu'on pourrait même y tenir à deux.

IN DER BAR UM DIE ECKE

Was gibt es Schöneres, als sich am Abend in der Bar um die Ecke bei netter Gesellschaft und einem guten Drink zu entspannen! Wenn dann der Rotwein seine wohltuende Wirkung entfaltet und die Bedienung obendrein einen sehr ansehnlichen Eindruck macht, kann es vorkommen, dass man beim Entspannen nicht unbedingt allein bleiben will.

Super, Ihre Bar! Genial eingerichtet!

Très classe votre bar! La déco est très bien vue!

Endlich ein schönes frisches Bier! Man sieht, dass Sie wichtige Dinge ernst nehmen.

Enfin une bonne bière fraîche! On voit que vous attachez de l'importance aux choses qui comptent.

Wirklich abgefahren, dieser Cocktail! Ich würde alles tun, was Sie von mir verlangen, um das Rezept zu bekommen!

Ça déchire, ce cocktail! Je ferais tout ce que vous me demandez pour obtenir la recette!

Wann sind Sie mit der Arbeit fertig? Haben Sie nicht Lust, sich danach etwas zu entspannen?

A quelle heure se termine votre service? Vous n'avez pas envie de vous détendre un peu après?

BEI DER TOURISTEN-INFORMATION

Irgendwann landet Ihr natürlich zwangsläufig bei der Touristeninformation, obwohl Ihr dort eigentlich in der Vergangenheit eher schlechte Erfahrungen gemacht habt. Doch wer hätte es gedacht? Die Informationen, die Ihr diesmal bekommt, sind wirklich hilfreich, die Stadt wird Euch auf äußerst überzeugende Weise angepriesen, und das Personal der Touristeninformation ist einfach der Hammer!

Wenn ich Sie so reden höre, habe ich fast den Eindruck, selbst in dieser Stadt groß geworden zu sein!

A vous entendre parler, j'ai presque l'impression d'avoir moi-même grandi dans cette ville!

Ihr Büro ist ein echter Glücksfall für die ausländischen Touristen!

Votre service est une vraie aubaine pour les touristes étrangers!

Wenn man Sie ansieht, zweifelt man keine Minute daran, dass Ihre Stadt wunderbar sein muss!

Quand on vous voit, on ne doute pas une minute que votre ville soit splendide!

Sie kennen diese Stadt doch sehr gut und können mir sicher viele aufregende Dinge zeigen!

Vous qui connaissez bien la ville: vous pourriez sûrement me montrer beaucoup de choses passionnantes!

IM RESTAURANT – LEBEN WIE GOTT IN FRANKREICH

Wer träumt nicht von einem klassischen 5-Gänge-Menü in einem gepflegten Restaurant in Frankreich? Hier habt Ihr nun die Gelegenheit, den Koch und die Bedienung ausgiebig für die aufgetischten Gaumenfreuden zu loben. Und auch hier gilt: Das Auge isst mit!

Sagen Sie es nicht meiner Mutter, aber ich habe noch nie etwas so Vorzügliches gegessen!

Ne le dites pas à ma mèr, mais je n'ai jamais mangé quelque chose d'aussi délicieux!

Das war wirklich sehr gut! Wir haben uns ordentlich den Bauch vollgeschlagen!

Qu'est-ce qu'on a bien mangé / bouffé! On s'en est mis plein la panse / le bide!

Die Vorspeisen sehen vorzüglich aus, ich könnte sie alle auf einmal bestellen!

Si je ne me retenais pas, je pourrais bien m'en voyer tous ces hors d'œuvre!

Dieses Gratin zergeht buchstäblich auf der Zunge!

Ce gratin fond littéralement dans la bouche!

Es ist eine wahre Freude, von einer so charmanten Person bedient zu werden!

C'est un vrai plaisir de se faire servir par une si charmante personne!

Ich habe wirklich keinen Hunger mehr. Aber Sie würde ich gerne noch zum Dessert vernaschen!

Je n'ai vraiment plus faim. Mais je vous prendrais volontiers en guise de (à la place du) dessert!

DIE NACHT ZUM TAG MACHEN

Trotz vollgeschlagenem Magen: auf die Vorzüge des Nachtlebens solltet Ihr natürlich nicht verzichten, denn gerade hier gibt es für heiße Flirts natürlich jede Menge guter Gelegenheiten. Aber eine Bitte: Lasst Euer Schulfranzösisch doch einfach zu Hause. Mit Sätzen wie »Sympa ta boum!« (*»Echt prima, deine Sause!«*) oder »Je te trouve vraiement chouette.« (*»Ich mag dich wirklich total gerne leiden.«*) findet man Euch sicher süß, aber bestimmt nicht cool.

Echt coole Party, und die Musik ist wirklich abgefahren!

Mortelle, cette soirée / cette teuf (*V. von fête*), le son est vraiment cool / ouf (*V. von fou*)!

Endlich mal Mucke, die gut abgeht!

Enfin de la zic (*Abkürzung von musique*) qui gère. Je kiffe!

Wirklich geile Disco! Ich hab noch nie so 'ne coole Party erlebt!

Cette boîte est vraiment mortelle. J'ai jamais fait une aussi bonne teuf (*V. von fête*)!

Ich hab Dich tanzen sehen und hatte sofort Lust, Dich kennenzulernen!

Je t'ai vu danser et j'ai direct eu envie de te connaître!

Dein Musikgeschmack ist super. Wollen wir zu Dir nach Hause, Deine CD-Sammlung ansehen?

J'ai rarement entendu un son aussi trippant. Peut-être que tu pourrais me montrer quelques trucs en privé?

EINKAUFEN

Jeder hat Angst vor Touristennepp im Ausland. Deshalb seid Ihr sehr froh, als Ihr einen Laden findet, in dem Ihr nicht das Gefühl habt, abgezockt zu werden. Hier könnt Ihr Eurem Ruf als Schnäppchenjäger alle Ehre machen.

Man merkt, dass Sie hier nicht versuchen, die Touristen abzuzocken.

Au moins, on sent que vous n'essayez pas d'arnaquer les touristes. / Au moins, on sait qu'on est pas dans un attrape-touristes.

Man merkt, dass Sie Ihr Geschäft verstehen.

On sent que vous connaissez vraiment votre affaire.

Das Preis-Leistungs-Verhältnis hier ist nicht zu übertreffen!

Le rapport qualité/prix défie toute concurrence!

Ihr Geschäft ist voll von schönen Dingen. Ich würde gerne alles mitnehmen und Sie gleich mit dazu!

Votre magasin est plein de choses ravissantes. Je prendrais bien tout et vous avec!

KULTUR TANKEN

Auch ein öder Museumsbesuch kann mit der richtigen Führung zum wahren Genuss werden.

Ich könnte hier noch Stunden bleiben und Ihnen zuhören!

Je pourrais rester ici vous écouter pendant des heures!

Sie wissen ja wirklich alles! Dazu haben Sie die Gabe, Ihre Zuhörerschaft in den Bann zu ziehen.

Vous êtes vraiment un puits de savoir! Vous avez l'art et la manière pour captiver votre auditoire.

Ich brenne darauf, mit Ihnen meine Kenntnisse über die Vor- und Frühgeschichte zu vertiefen!

Je brûle d'approfondir avec vous mes connaissances sur la préhistoire!

Von all diesen Kunstwerken sind Sie bei weitem das schönste!

De toutes les œuvres d'art du musée, vous êtes de loin la plus belle / la mieux réussie!

AM TRAUMSTRAND

»Sea, Sex and Sun«, wie es in einem bekannten französischen Chanson heißt. Meer und Sonne gibt es gerade in Frankreich wirklich genug. Um alles Weitere muss man sich allerdings schon selbst kümmern.

Wenn man dieses tiefblaue Wasser sieht, hat man sofort Lust hineinzuspringen!

Quand on voit cette eau turquoise, on a juste envie d'y plonger!

Wir beide an diesem Strand, das ist wirklich paradiesisch!

Tous les deux sur cette plage, c'est vraiment le paradis!

Super, dieser Strand – kein Abfall, nichts als weißer Sand!

Nickel, cette plage, pas le moindre déchet, juste le sable blanc!

Mademoiselle, ich nehme gerne von Ihren Nüssen. Bei diesen »Argumenten« bleibt mir keine andere Wahl!

Je prendrais bien un paquet de »chouchou«. Il faut dire que vous avez des »arguments« pour vendre!

Brauchen Sie zufällig jemanden, der Sie mit der Sonnencreme einreibt?

J'ai pensé que vous aviez besoin de quelqu'un pour vous enduire de crème solaire?

»TÊTE-À-TÊTE« MIT DER POLIZEI

Gesetze sind schnell einmal übertreten, wenn man sich völlig entspannt und sorglos im Ausland bewegt. Doch hat es keinen Sinn, sich dann auch noch mit der Polizei anzulegen. Vor allem sollte man es unbedingt vermeiden, die Gesetzeshüter mit »flics« (»Totenköpfe«) anzusprechen. Taktisch ist es da viel klüger, ein paar nette Sprüche drauf zu haben.

Das tut gut, Sie an meiner Seite zu wissen!

C'est rassurant de vous savoir à mes côtés!

Man sieht, dass Sie die Situation gut im Griff haben.

On voit que vous avez la situation bien en main.

Das ist ein Job, wo man wirklich seinen Mann stehen muss!

C'est un boulot où il faut vraiment assurer!

Vielen Dank für Ihr Verständnis! Wenn ich ein wenig mehr Zeit hätte, würde ich mich sicher angemessen bei Ihnen bedanken.

Merci de votre compréhension! Si j'avais un peu plus de temps, j'aurais trouvé le moyen de vous remercier.

Das ist wirklich ein wahnsinniges Kaliber, das Sie da hängen haben!

Mais c'est un énorme calibre que vous avez là!

DATEN AUF FRANZÖSISCH

Die direkte Kontaktaufnahme mit dem anderen Geschlecht gehört sicherlich zu den interessantesten Erfahrungen, die man machen kann – insbesondere im Ausland. Oft fällt Euch aber schon in Eurer Muttersprache wenig ein, um die ersten Schritte zu wagen. Wie soll das dann erst in einer fremden Sprache funktionieren? Im Folgenden finden Flirtwillige eine kleine Sammlung von Hilfestellungen für die Annäherung an die Frau/den Mann Eurer Träume.

FLIRTEN I – ERSTER KONTAKT

KLASSISCH

Wie heißt du?

Comment tu t'appelles?

Wie heißen Sie?

Comment vous appelez-vous?

Was für ein tolles Wetter heute!

Il fait un temps splendide aujourd'hui, non?

Was trinken Sie da? Sieht ziemlich interessant aus.

Sind Sie alleine hier?

Qu'est-ce que vous buvez? Ça a l'air pas mal! Vous êtes seul(e) ici?

Haben Sie Feuer?

Avez-vous du feu?

Wieso setzen Sie sich nicht zu uns?

Pourquoi ne vous asseyez-vous pas avec nous?

Sind Sie oft hier?

Vous êtes souvent ici?

DIREKT

Guten Tag! Darf ich Sie zu einem Glas einladen?

Bonjour, je peux vous offrir un verre?

Darf ich mich zu Ihnen setzen?

Je peux vous tenir compagnie?

Sie sind sehr charmant.

Mademoiselle, vous êtes charmante.

Was macht ein so schönes junges Mädchen / ein so schöner junger Mann hier ganz alleine?

Que fait une aussi jolie jeune fille / un joli jeune homme tout(e) seul(e)?

Glauben Sie an Liebe auf den ersten Blick?

Est-ce que vous croyez au coup de foudre?

Ich hab meine Nummer verloren, könnten Sie mir ihre geben?

J'ai perdu mon numéro, pourrais-je avoir le vôtre?

ZU DIREKT

Hallo, Du bist geil.

Salut, t'es bonne.

Hallo, stehst Du auf Ficken?

Salut, est-ce que tu baises?

Machst Du's für ein Stück Schokolade?

Tu baises pour un choco?

FLIRTEN II – RANGEHEN

KLASSISCH

Gehn wir was zusammen trinken?

On va boire un verre?

Darf ich mich zu Ihnen setzen?

Je peux m'asseoir là?

Sie haben verdammt schöne Augen!

Vous avez vraiment de beaux yeux!

Hast Du einen Freund / eine Freundin?

Tu as un copain / une copine?

Sind Sie verheiratet?

Vous êtes marié(e)?

DIREKT

Sie haben ein sehr schönes Lächeln.

Votre sourire me plaît beaucoup.

Ich würde Sie gerne küssen.

J'aimerais beaucoup vous embrasser.

Ich finde Sie einfach hinreißend schön!

Vous savez que vous êtes tout simplement ravissante?

Ich finde Sie einfach super!

Je vous trouve absolument canon!

Sie sind zum Sterben schön!

Vous êtes belle/beau à mourir!

ZU DIREKT

Sie haben tolle Beine.

Vous avez de superbes jambes.

Wir können noch auf ein letztes Glas zu mir hochgehen, wenn Du willst / wenn Sie wollen!

On peut aller boire un dernier verre chez moi si tu veux / vous voulez!

Was hältst du davon, ein wenig frische Luft zu schnappen?

Si on allait se promener / prendre l'air?

Ficken wir jetzt oder gleich?

On baise tout de suite ou on baise maintenant?

FLIRTEN III – WILDE LIEBESNÄCHTE

Ich bin verrückt nach Dir!

Je suis fou / folle de toi! / Tu me rends fou / folle!

Ich könnte mein Leben damit verbringen, Deinen Körper zu erkunden!

Je pourrais passer ma vie à explorer ton corps!

Ich möchte, dass Dein Duft auf meinem Körper bleibt.

Je voudrais que mon corps reste imprégné de ton odeur.

Fick mich die ganze Nacht!

Baise-moi toute la nuit!

Ich will mehr.

J'en veux encore.

FLIRTEN IV – DRANBLEIBEN

Der Abend / Die Nacht mit Dir war wirklich sehr schön!

J'ai passé une très bonne soirée / nuit avec toi!

Es ist sehr lange her, dass ich einen so schönen Abend verbracht habe / dass ich mich so gut amüsiert habe!

Ça fait longtemps que je n'avais pas passé une si bonne soirée / que je ne m'étais pas autant amusé!

Wir müssen uns unbedingt besser kennenlernen!

Il faut absolument que nous fassions mieux connaissance!

Wann werde ich Dich wiedersehen?

Quand aurai-je la chance de te revoir?

Hättest Du Lust, morgen Abend / in den nächsten Tagen mit mir auszugehen?

Ça te dirait de sortir demain soir / un de ces jours?

FLIRTEN V – ABSCHIED

Ich mag Frauen / Männer, die keinen Stress machen.

J'aime bien les femmes / les hommes qui ne font pas d'histoires.

Ich bin sicher, dass Du jemanden findest, der gut zu Dir passt.

Je suis sûr que tu trouveras la personne qui est faite pour toi.

Ich verspreche Dir, dass ich Dich anrufe, sobald ich zurückkomme.

Je te promets que je t'appelle dès que je reviens.

Wir verlieren uns nicht aus den Augen!

On ne se perdra pas de vue!

Wir sehen uns wieder, ganz sicher!

On se reverra, c'est sûr!

Ich hoffe, dass wir Freunde bleiben!

J'espère qu'on restera amis!

Ich werde Dich niemals vergessen!

Je ne t'oublierai jamais!

JE T'M – ELEKTRONISCH FLIRTEN

Und so funktioniert das Flirten auf Distanz – wenn's schnell gehen muss (SMS, Chat, E-Mail). Eine kleine Auswahl:

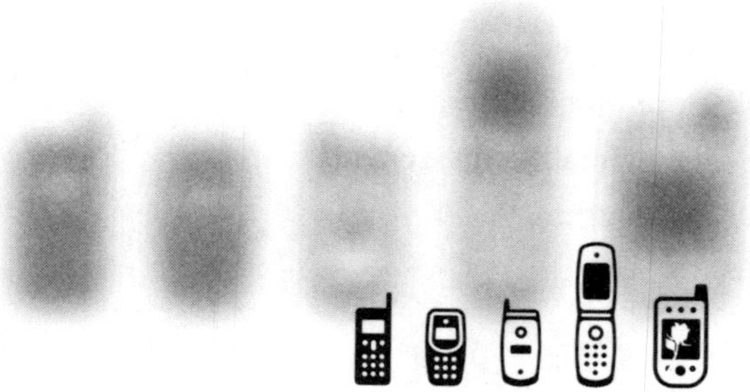

Tut mir leid, ich rufe sobald wie möglich zurück.

Dzolé j'tapLDkej'pe. (»*Désolé, je t'appelle dès que je peux / aussi vite que possible.*«)

Ich hoffe, es geht Dir gut.

JSpR ktu va bi1. (»*J'espère que tu vas bien.*«)

Du fehlst mir so sehr.

Tu me mank tro. (»*Tu me manques trop.*«)

Sehen wir uns morgen?

Eskon se voit 2m1? (»*Est-ce qu'on se voit demain?*«)

Kommst Du morgen?

Tu vi1 2m1? (»*Tu viens demain?*«)

Ich liebe Dich!

Jtm jet'M! (»*Je t'aime!*«)

Ich bin glücklich!

Chui ERE(Z)! (»*Je suis heureux(euse)!*«)

Kann ich Dich zum Essen einladen?

J'pE t'1viT a manG? (»*Je peux t'inviter à manger?*«)

Antworte bitte!

Rstp! (»*Répond s'il te plait!*«)

BASISFLIRTEN VON A(BGEFAHREN) BIS Z(UVERLÄSSIG)

A

abgefahren	mortel / trippante / canon
auf jemanden abfahren	flasher / tripper sur qn / bander
von jemandem angezogen sein	être branché par qn / être botté par qn / mouiller pour qn
die Anmache /	la drague
anmachen	draguer
Das macht mich an / geilt mich auf!	Ça me fait bander! / Ça me fait mouiller! (*für Frauen*) / Ça me fait tripper!
ansprechend aussehen	avoir l'air sympathique / avenant

jemanden aufgeilen	allumer / exciter qn / faire bander / mouiller qn
attraktiv	attirant / sexy / bandant
Arsch	cul / fesses / la croupe / le derche / les miches

B

Begehren	désirer
begehrenswert	désirable
sich für jemanden begeistern	s'enthousiasmer pour qn / kiffer qn / tripper sur qn
Begierde	désir
bewundern	admirer
blasen (*Fellatio*)	tailler une pipe / sucer / pomper / pomper le dard / faire une gâterie
Brüste	les seins

C

charismatisch	charismatique
charmant	séduisant / charmant / charmeur / séducteur

E

Eier (*Genitalien*)	les couilles / valseuses / boules / balloches / roupettes / burnes
erregen	exciter / faire bander / mouiller / tripper

F

fein (*für Frau oder Essen*)	délicieux / délicat / exquis
ficken	baiser / culbuter / sauter / niquer / se taper quelqu'un / tirer / enfiler / mettre / serrer

Figur	silhouette
Du hast eine gute Figur.	Tu as une belle silhouette.
Du bist gut gebaut!	Tu es bien gaulé / fait!
Frau	une meuf (*V. von femme*) / une nana
Freund	un ami / un copain / un pote (*V.: teupo*)
freundlich	aimable
freundschaftlich	amical

G

Gefallen finden an jemandem	trouver qn attirant / sympathique / beau
geile Frau	une bonasse / une fille mortelle
geil (sexuell)	sexy / bandant / bien gaulé

geil / großartig	énorme / extraordinaire / ouf (*V. von fou*) / mortel / génial / terrible / kiffant / trippant
Das ist geil!	Ça claque! / Ça bute! / Ça tape! / Ça arrache! / C'est mortel!
nicht genug kriegen können	être insatiable / en vouloir toujours plus / en redemander
Genuss	plaisir / délice / jouissance
glaubwürdig	crédible
graziös	gracieux
gutaussehend	un beau gosse / une belle fille / meuf (*V. von femme*)

H

heiter	gai / joyeux
Herz	cœur
von ganzem Herzen	de tout mon cœur
hin und weg sein	être bouleversé / en être tout retourné
homosexuell	homosexuel
hübsch	mignon / joli

I

intim	intime

K

Kompliment	compliment
Kosenamen (*Frau*)	ma chérie / ma puce / ma biche / ma poupée / ma douce / mon amour

Kosenamen (*Mann*)	mon chéri / mon lapin / mon canard / mon nounours / mon amour
knutschen	se rouler une pelle / se bécoter / s'emballer
küssen	embrasser

L

lecken (*Cunnilingus*)	lécher / brouter
lecker (*Person oder Essen*)	appétissant / délicieux
leidenschaftlich	passionnément
lesbisch	être lesbienne
lieben	aimer / kiffer
jemanden liebhaben	bien aimer qn / kiffer qn / avoir de l'affection pour qn
Liebhaber	un amant
Liebhaberin	une maîtresse
Liebling	chéri(e)

M

märchenhaft	fabuleux / féerique
Möse	la chatte / le minou / la moule / le con

N

Nicht schlecht!	Pas mal! / Chapeau!
notgeil	avoir la bite en feu (*Mann*) / avoir le feu au cul (*Frau*)

O

Oropax (wenn Nachbarn zu laut »flirten«)	Boules Quiès (*Markenname*)

P

phantastisch	fantastique / génial
seine »Sache« gut machen	assurer / être à la hauteur / gérer

S

sich in Schale werfen	se faire classe
Schatz / Schätzchen	trésor
schmusen	se faire des câlins / des papouilles
Schwanz	la bite / la queue / le dard / le zguègue / le popaul / la pine / l'engin
das hat mich von den Socken gehauen!	Ca m'a époustouflé / bluffé / troué! Spaß haben tripper / kiffer / s'éclater
einen Ständer haben	bander / avoir la gaule / avoir la trique
(echt) stark	mortel ouf (*V. von fou*)
Statur	taille
streicheln	caresser

	T
Titten	les miches / les nichons / les nibards / les nénés / les melons
toll	formidable / mortel / génial / trippant
Traumfrau	la femme de mes rêves
Traumtyp	l'homme de mes rêves
Tussi	la gonzesse / la minette
Typ	le mec (*V.: keum*)

	U
umgänglich	facile à vivre / cool / easy going
üppig	opulent (*Essen*) / plantureux (*Person*)

V

jemandem verfallen	être sous le charme de qn
verliebt sein	être amoureux
sich verlieben	tomber amoureux
verrückt sein nach jemandem	être fou / dingue de qn
Du machst mich verrückt!	Tu me rends fou / folle!

W

wahnsinnig	taré / dingue / dément

Z

Zuneigung	affection
zuverlässig	digne de confiance / sérieux / fiable

ERINNERUNGEN